MW00878484

TE AMO,
Y NO ES METÁFORA

TE AMO, Y NO ES METÁFORA

Jarhat Pacheco

Título Original: Te amo, y no es metáfora.
Autor: Jarhat Pacheco.
www.jarhatpacheco.co
info@jarhatpacheco.co
Registro Safe Creative: 1707062881965
Registro DNDA: 10-561-452
ISBN-13: 978-1521784679
ISBN-10: 1521784671
Sello: Independently published
© 2017

*Dedicado a mi sobrina Oriana
que un día me dijo:*

*«Tía, mejor escribe para
que no tengas que salir a trabajar».*

«Hay palabras que son el camino más seguro para estar casi a un paso del cielo».

Jarhat Pacheco

I

"*Una flor*
no lejos de la noche
mi cuerpo mudo
se abre
a la delicada urgencia del rocío".

Alejandra Pizarnik

DILUVIOS Y TEMPESTADES

Cuando me besó,
se armó dentro de mí
un ejército de diluvios
y tempestades
que llevaban por nombre
su nombre.

Y desde entonces,
he querido que llueva así
(en mí)
durante toda la vida.

SALVARSE

Salvarse es también aceptar
que a su lado
todo,
absolutamente todo,
se hace mejor.

MUY CERCA DEL AMOR

Tal vez no pueda decir que esto es amor,
pero ya no quiero
las mismas cosas que quise
antes de conocerte.
Has transformado mis ideas,
mis ideales,
mis sueños;
me direccionaste a otro camino.

Ya no me apetecen otros labios,
ni otros hombres,
ni otros cuerpos.
Aquellas puertas por las que quise entrar,
las he olvidado,
no me interesa si detrás de ellas no estás tú.

No sé qué piensas,
pero en este preciso momento
creo que si a esto
no se le puede llamar amor,
al menos estoy muy cerca
de poder hacerlo.

AMARSE EN SERIO

Ya es hora de ir aceptando
que no todo siempre irá bien.
Pero tampoco mal.
Hay cosas que a veces no suceden
como uno espera.
Así que besémonos
como si el tiempo se detuviera mañana,
o en una hora, o después del próximo beso.

Ya es hora de olvidar los miedos
y comenzar a amarnos en serio.

SIN DUDA

Quiero que cuando pienses en mí,
lo hagas sabiendo que aunque no me necesitas,
me quieres sin lugar a dudas
en tu vida.

DESASTRES

De repente,
hay desastres que no importan
si amas aquello que los provocó.

Y por esa razón quiero un
desastre que sea profundo,
que me arrebate,
que llegue y remueva todo,
que levante y sacuda,
que moje y seque,
y que nunca termine

porque el amor
es
en sí mismo
un desastre.

ERES PERFECTA

A mi sobrina Oriana

Eres la luz
que aun en medio de mis sombras
siempre quiero mirar.

Cuando estoy a punto
de caer
al precipicio,
eres tú quien me sostiene
y me salva.

Me elevas tan alto que sé
que tocar el cielo
es tocarte a ti,
y que ver tu rostro
es vivir.

Entonces,
con tu mano atada a la mía,
lo veo todo:
eres perfecta
e imbatible
y sin duda
te elegiría una y otra vez
—aunque en el fondo
eres tú quien
sin saberlo
me elige a mí—.

MÍO AL FIN

Eres de mi incumbencia,
de mi interés.
Caminaré tus calles,
y nadie
—decididamente nadie—
me hará retroceder.

Hallaré tu mejor lugar,
pero también el peor,
y así podré saber
que serás mío
en cada versión de ti:

siendo humano,
ángel o demonio,
pero mío,
indudablemente mío
al fin.

HURACÁN Y CALMA

Creo, de una manera suplicante,
que todos merecemos un amor
que sea huracán y calma al mismo tiempo.

Un amor que nos arranque las vestiduras,
que nos desmonte los miedos,
que nos desate los daños;

pero también que nos abrace y nos aquiete,
y que así nos haga sentir que en verdad
ese amor nos está cambiando la vida.

Y TE CONOCÍ

Un día,
mi alma necesitó un amor
que lo cubriera todo,
un amor que llenara
cada espacio vacío;

un amor que me permitiera
conocer esas verdades que salvan,
de esos accidentes que dan vida.

Un día,
mi alma clamó por un amor
que de manera impresionante,
absolviera el exceso de mis errores,
uno que con su mirada,
lavara este corazón que tanto
se manchó.

Y te conocí.
Desde entonces,
mi alma comprendió
que hay amores destinados,
subrayados, reservados;
amores que perdonan,
que olvidan;
amores que lavan
y sanan heridas.

TODA LA VIDA QUE BUSCABAS

En cuanto te sorprendí
mirando a la nada,
como buscando vida
en el vacío,
no vacilé en acercarme,
no me permití ni siquiera pensarlo
 —sería una absurda pérdida de tiempo—.

Me aventuré y con el corazón resuelto
me arrojé hacia el vacío,
porque aún sin decirlo,
quise ser ineludiblemente
toda la vida que buscabas.

VACÍA SIEMPRE

Ahora eres mi argumento,
mi plan,
mi mejor elección.

Te convertiste en una razón
para aceptar que hay vacíos
que desconoces,
que ignoras

hasta que en una mirada
te percatas de que las cosas
son como son,

y sin duda,
yo, sin ti,
 estuve
vacía
siempre.

NO ME DIGAS

No me digas que esperas
una llovizna,
cuando sé que deseas
una lluvia eterna e inacabable.

Sé que anhelas la lluvia
para abrir el paraguas
y enamorarte de mi frío.

TE PROMETO

Te pido tiempo,
pero tiempo juntos.

Te prometo tomar
tus manos
cuando
la zozobra te invada
y apretujarlas
para verte luego a los ojos
y decirte
«aquí estoy amor,
ahora soy yo».

Te prometo
canjear
cada confusión
por un beso
bañado
de sonrisas.

Lo sé, no es fácil soltar
o dejar algo atrás.
Yo también lloré
y prometí cosas.

CREÍA ESTAR COMPLETA

Creía estar completa,
como si en verdad nada me faltara.
Caminaba por las calles
y no tenía miedo.
Nunca lo tuve.

Iba por la vida con la seguridad
que tienen aquellos que nunca
se han aventurado a lo desconocido.

Lo que en realidad no sabía
era que estaba ciega,
encerrada en un mundo falso
e incomunicable.

Pero te vi y ya nada fue lo mismo.
Te conocí y me di cuenta
de que en realidad
mi vida nunca había comenzado antes de ti.

CAMINOS

Hay destinos
que son insospechados,
inadvertidos.

Hay caminos que nunca
los dibujamos en la cabeza
porque son totalmente
descabellados.

Hasta que un día
alguien nos saca de la costumbre,
de la monotonía,
y nos hace entender que
en aquello que creemos
absurdo e inadmisible,
se encuentra la verdadera felicidad.

CON ÉL

No puedo asegurar
de qué se trató,
ni de cómo sucedió.

Lo único que me quedó
claro luego de verlo,
es que era ahí,
con él,
tomada de su mano,
que yo debía continuar.

TE CONOZCO

Te conozco,
y no solo porque estás aquí,
sino porque en mis manos brillan las tuyas,
porque a mis ojos
ya no les importa otra forma
si no es la de tu figura.

Te conozco
y a mi alma
ya no le inquieta
lo que hiciste ayer.

Te conozco porque lo intento,
y no se me viene otra cosa al corazón
que no sea tu nombre
como un fuego lento
consumiéndose en mí.
Por eso te conozco.

SIEMPRE TE PROTEGERÉ

No quiero pensar en mi fragilidad
ni en mi debilidad.
En estos momentos solo quiero creer
que aunque el mundo se desmorone,
yo podré ir tras de ti
para demostrarte que pase lo que pase,
siempre te protegeré.

EN EL ABISMO TAMBIÉN NOS HACEMOS BIEN

Solo amando en las dimensiones
de lo absurdo,
nos animaríamos a dar el salto,
a caer
y a comprender
que a veces en el abismo
también nos hacemos bien.

Ese tipo de amor es el
que nos hace descubrir
que el peligro no es necesariamente
lo que los otros creen,
ni que lanzarse al vacío
es querer morirse siempre.

UNA MUJER QUE AMA

Pero nadie se imagina que cuando una mujer como ella ama, no teme a la oscuridad ni a caer en las sombras. Es del tipo de mujer que ha peleado durante toda su vida consigo misma para seguir en pie. Ha caído y ha sentido como si sus huesos se resquebrajaran cada vez que se levantaba.

Es de las que cuando se enamora no lo hace susurrando ni ocultándose, sino dejando bien claro su rastro y aceptando que va a donde deba ir, porque nada puede ser peor que haber vivido sin amor. Una mujer como ella es tan valiente que lo da todo, incluso su vida por amor.

PORQUE TE QUIERO

Me gustaría hablar de un modo
más profundo,
decirte las cosas de una manera
más encantadora,
pero cuando se trata de ti
las palabras pierden sentido
y no encuentro cómo decir
que te quedes porque te quiero.

SI NO TE TENGO CERCA

La vida me queda pequeña
y no me alcanza
para decirte
lo mal que todo me sabe
si no te tengo cerca.

CUANDO TE CONOCÍ

Cuando te conocí,
supe que podía evitarte y desviar el paso
o simplemente bajar la mirada,
pero fue ahí cuando tropecé con tus ojos,
con la fuerza y el coraje que ellos me daban
—y siempre los necesité—
para permanecer en algún lugar.

Cuando te miré
me olvidé del mundo
y me di cuenta
de que no había otro lugar
más que en ti
al que quisiera escapar.

HILOS DE DOS

Los hilos que nos atan
a otras personas
son tan misteriosos e inciertos,
que no me sorprendería
que un día termine
enredándome contigo.

AMORES QUE NO MUEREN

Un amor no debería morir
y si muere
no pudo ser real.
Un amor es tan cierto,
tan feroz,
que se encarna en la piel,
en el alma
y en la vida.

Y esos amores no mueren,
no cambian,
permanecen intactos siempre.

Hay amores que merecen
sobrevivir aunque se les queme el aire.

HABITAS EN MÍ

A ti, Caballero.

¡No tengo sangre en las venas!,
eres tú quien recorre mi cuerpo
como quien camina
por el corredor de su casa.
Soy tu casa, amor,
y tú quien habita en ella.

Eres tú quien me habita
como un mar que estrella sus olas
dentro de mi pecho
y me desmorona.

II

"El amor es el único veneno que uno bebe
esperando que no nos mate,
aun sabiendo que lo hará".

William Osorio Nicólas

HIPOCRESÍA

Hablarte como si ya no dolieras
no es valentía, es hipocresía.
Porque todavía te amo.
Porque todavía me dueles.

AMNESIA

No puedo amarte más.
Ya te amé lo suficiente.
Ahora quiero amarme a mí,
solo a mí. A nadie más.

Si me preguntan por ti,
fingiré amnesia.
Punto.

GANAS DE HUIR

No tengo suficiente valor para mentir:
no te olvidé.
Hoy soy nada.
Solamente las ganas de huir
aunque sé que en esta carrera de olvidar,
tú eres más veloz que yo.

COMPRENDER

Fue cuestión de tiempo
para comprender que quien te merece
jamás necesitará
que le des espacio para poder
continuar junto a ti.

EN OTROS CUERPOS

Si un día lees esto,
quiero que sepas
que
ni
siquiera
en otros cuerpos
he podido encontrar
una manera para olvidarte.

VOLVER A VERTE

Un día
regresaré
y tal vez me arrepienta
de volver a verte,
pero lo único cierto
es que uno siempre regresa
a los (viejos) amores
de los que tanto
huyó.

NO HABERTE CONOCIDO NUNCA

Ya no tengo fuerzas.
Vivo sumergida
en la insoportable angustia
de tenerte lejos.

Las noches son más frías
desde que tú no estás.

Mis manos se deshacen
buscando tu nombre.
Odio aceptar que ya no volverás.

Si esto es el amor
habría preferido
no haberte conocido nunca.

TE EXTRAÑO

Te extraño.
Soy fragilidad,
lágrimas
y un cuerpo
que sobrevive
más por impulso
que por voluntad.

GUERRA

No hay guerra
más dolorosa
que aquella de
querer
cuando
no
te
quieren.

TE NECESITO

Solo necesito saber que te vas a quedar,
no importan los otros,
ni las falsas razones
por las que te has querido ir.
En este momento
mi verdadera razón para querer continuar
eres tú, solo tú.

Tú, porque te necesito aquí
para demostrar que despertarme contigo
no es capricho,
es lo que decido cada día
y sé lo bien que me hace amarte así.

SE NOS HIZO TARDE

Aceptemos que no somos el uno para el otro.
Y quizás nunca lo fuimos, ni lo seremos.
¡Aceptémoslo de una buena vez!

Creo que es tiempo
de darle la oportunidad
a otras personas,
a otros amores.

Ya es hora de
comenzar a caminar por otras calles
porque a nosotros
se nos hizo tarde.

ME LLEGUES A QUERER

Soy el resultado de esas esperanzas
que permanecen ante lo invisible,
ante esa ilusión de que me quieras
o de que me llegues a querer mañana,
aunque ese mañana
se vuelva una metáfora
de muchos infinitos.

QUERIENDO ENCONTRARTE

Creyendo que el viento te traerá a mí,
salgo todos los días a la calle
con la sensación de encontrarte.

Entonces te busco
en el humo de los carros,
en las esquinas de los bares,
en el pavimento de las avenidas
y en el ladrido de los perros.

Aunque te busque y te sienta,
nunca llegas.
Creyendo que el viento te traerá hasta mí,
salgo todos los días a la calle
y vuelvo a comenzar.

ME VOY

Me voy de ti,
de tus cosas,
de tu vida,
pero te quiero.

No sé en qué momento lo haré,
no sé en qué momento
rompa este papel,
pero irremediablemente me iré
y sé que dolerá tanto como dueles ahora.

Aunque si hago un balance de duelos,
nada puede ser peor que
quedarse queriendo
a quien sabes que no te quiere.

NO SÉ

No sé dejarte ir.
No sé explicarme
que a veces
en la vida
se dice adiós
a quien más amas.

SOLEDAD DE TI

Siempre voy a llenar
mi soledad de ti,
de tu sombra ausente,
de tus manos que
no me tocan,
de tu nombre que
no puedo rezar.

Siempre voy a llenar
mi soledad de ti
y de los besos
que ya no
vendrán.

ÚLTIMO BESO

Porque para mí
bastó con ese último beso,
con ese adiós no dicho y no hablado,
para entender que me dolía,
para entender que te amaba
y que continuaría haciéndolo
a pesar de las palabras ahogadas.

En medio del ruido de la gente
estábamos tú y yo,
sabiendo que no habría otro día,
otra hora, ni otro minuto que se asemejara
a ese momento en el que —con un beso—
sobrara cualquier cosa por decir.

Porque entendíamos
enmudecidos y absorbidos,
que hay despedidas
que es mejor no hablarlas
sino solo sentirlas.

POR ESO ME VOY

No es necesario decir adiós
para marcharte.

Cuando ya el tiempo duele
y las palabras te desangran,
tienes dos opciones:
o te dejas morir, o te curas.

Y hoy,
prefiero curarme de ti,
de mí y del jodido mundo
que conocí contigo.

Por eso me voy.

MI ÚNICA SALIDA

Creo en esas almas
que son calma y tormenta
al mismo tiempo.
En esas que son aguacero y sol.

Creo en esas almas que
son enfermedad y cura a la vez:
que envenenan y devuelven la vida.

Él fue una de esas almas.
Una que lastimaba,
vulneraba
y damnificaba la mía.

Pero también reconozco
que fue mi salvavidas,
mi flotador
y mi única salida
(pero ya no está).

DEJARTE EN LIBERTAD

Tuve miedo cuando supe que amarte
era dejarte en libertad.

HAY AMORES

Y así es el fin de una relación:
sin una remota idea de nada,
de absolutamente nada.
Hay amores que son así:
sin certezas, sin tiempo,
vacíos y distantes.
Hay amores que no fueron,
no son, ni nunca serán.

LOS MISMOS ERRORES

Después de tanto analizar mi situación
amorosa,
llegué a la conclusión
de que mi vida es la sumatoria
de los mismos errores de siempre,
pero con el nombre de otro amor,
de otra persona.

PERDÓNAME

He decidido irme.
Marcharme a un lugar
donde entienda y acepte
que no puedo forzarme a decir "te quiero"
si no lo siento.

Perdóname si te abandono.
Perdóname si mi corazón
ya no soporta más infelicidad.

FINALES

Es claro que hay finales precipitados,
que no contienen palabras,
ni miradas.
Finales que nos hacen sentir
que el mundo se enferma
y convulsiona;

que nos obligan
a pensar que a veces un amor
puede envenenar
todo cuanto se reserva
para la vida.

ME DESPIDO

Hoy me despido
como nunca antes lo hice.
Hoy por fin entiendo
que el amor no es perfecto
ni precioso siempre.

Me despido sabiendo
que no te olvidaré mañana,
y tal vez tampoco pasado mañana,
pero no tengo más motivos
para marcharme que saber
que hemos llegado a un punto
en el que cada uno se siente solo,
aun cuando estemos
tomados de la mano.

FRACASÉ

Hoy es uno de esos días en los que fracasé.
Uno de esos días en los que me reafirmé
como el peor de los casos.
Hoy es una de esas veces
en las que te busqué:

te grité que no tengo miedo al fuego,
o a la lluvia;
te grité que te quiero,
más de una vez,
con pena de muerte;

te grité que me arrastro
cada día de mi vida
para hallar una palabra,
una sola palabra
que me diga que también
me quieres y que vas a regresar.
Pero nuevamente callaste,
sentí tu silencio,
y yo fracasé.

ME MIENTO

Y me miento de nuevo. Me permito engañar las horas diciéndole al reloj que mi corazón sanará y lo olvidaré pronto. Que después de una sonrisa le saludaré como si nada hubiera pasado, como si en realidad él nunca me hubiera dolido.

Me miento, me miento en silencio. Jurándome que pronto, muy pronto, no lloraré más. Que dejaré de inyectarme el veneno que su despedida dejó en mí y que mis lágrimas se secarán un día cuando ya no lo extrañe.

Miento a todo: al espacio, al viento, al cielo. Miento al espejo y a la sombra del suelo. Y también me miento. Lo hago porque lo necesito, porque agonizo ya que me duele su lejanía. Y seguramente, si lo tuviera conmigo, creo que también me dolería su cercanía. Porque aún lo quiero, porque aún lo pienso.

Es en vano engañarme, es tramposo querer olvidarlo, lo sé. Pero ésta es mi manera de pelear mi propia guerra, asumiendo falsamente que hasta los amores que parecieron que nunca iban a terminar, se llegan a olvidar.

OTRO DÍA SIN TI

No te preocupes por mí.
Yo solo te extraño a veces,
en algunas ocasiones que me embarga
la debilidad emocional,
en aquellos instantes
de terquedad en donde tú nunca apareces,
en donde nunca estás.

Y no creas que estoy llorando,
yo no lloro.
Yo me desangro
al querer olvidarte

porque no estás
e intento soportarme
sin ti.

DE ALGUNA MANERA

De alguna manera mística,
misteriosa,
desconocida, pero enternecedora,
la vida nos juntó.
Y de alguna manera absurda,
paradójica,
chocante pero racional,
la vida nos volvía a separar.

CREÍ EN SU MAGIA

Creí en su magia.
Insistí en creer en las estrellas
que depositó una tarde en mis manos,
sin pensar que luego
me quemaría al descubrir
el vacío que se encierra en ellas.

DESCLAVAR LOS BESOS

Lo que ella realmente quería,
era sacarlo a él de ese lugar
donde se guardan los verdaderos
sentimientos,
desdibujar las caricias
que conservaba como benditas
y desclavar los besos que atesoraba
como recuerdos en su piel.

ADIOSES

Yo sé que hay adioses callados,
que ruegan por no ser pronunciados,
que prefieren ser torpes
y miserablemente omitidos

aunque, después de la despedida,
haya un nuevo "hola"
que ocupe su lugar.

LLUVIA

Quiero convencerme
de que tú no eres más
que esa lluvia que ya no vendrá.
Esa lluvia que ya
no lavará ni sanará las heridas.

EN CALMA

Llega un momento en el que dejas de ser tormenta que todo arrasa y te haces calma; una sutil pero sombría calma. Me pasó que lo amé con el alma arrebatada, dando botes aquí y allá para lograr alcanzarle, pero no fue suficiente, y entonces me cansé. Ahora todo esto que vivo es algo que no planeé. Me he quedado en calma, sentada en medio de palabras que ya no digo, de lágrimas que ya no salen, de pasos que ya no doy.

FÓRMULAS

Nadie conoce las técnicas
ni las fórmulas del amor,
mucho menos las del olvido.

Pero, curiosamente,
te olvidé,
y ya no habitarás más
en mi miedo amargo
e inútil.

Te olvidé
y tu ausencia
ya no me encontrará indefensa
ni envuelta en pétalos de dolor.

SOBREVIVO

No puedo respirar
pero sé que estoy viva.

El vacío se hace profundo,
y aunque no te pueda ver
y tu recuerdo me parta
el corazón,
sé que este dolor
tendrá final.

Sobrevivo al abismo
que dejó tu partida.

RECUERDO DE UN PASADO

Lo que tanto quise,
por lo que tanto peleé con la vida,
se quedó en un pasado que todavía me cuesta
olvidar.

Todo lo que te di,
y me diste,
las canciones que grité,
las carreteras que recorrí cuando estuve
contigo,
todo, amor mío,
todo lo perdí.

¡Era bella nuestra vida!

Pero se nos deshizo el amor
en las manos y en los labios
y ya no queda más que el recuerdo
de un pasado que no encuentra
perdón ni paz.

EN OTRA VIDA

Quiero decir que espero vuelvas pronto
porque esperándote mi vida se llena de agujeros
en medio de una casa que desconozco
si no estás en ella.

Quiero decir que no he encontrado
alguna razón para odiarte
aunque hoy me haya dolido saber que no
vendrás.

Quiero decir que te amo
y que quizás en otra vida
sí te pueda olvidar.

PEOR VENGAZA

Me ha dejado
con las ganas de querer probar
el olvido en sus labios.
Y esa sensación, irremediablemente,
es la peor venganza.

¿POR QUÉ TE AMO SI NO ESTÁS?

Me temo que no podré acostumbrarme a un lugar en el que la primavera llegue y tú ya no estés en ella. No podré conservar el color de las flores en mis pupilas ni el frescor de su aroma en mis manos. A veces, en días así, aparentemente perfectos, presiento que volverás, pero sé que aunque afuera salga el sol, en mi corazón siempre habrá oscuridad.

Me golpea en el pecho tu ausencia. No te tengo y me aferro a una esperanza que intenta sobrevivir en mí. No puedo ser valiente, no sé continuar, no sé olvidar.

A veces, en días así, con todas esas flores en el jardín que sonríen, me pregunto a dónde se fue el calor de mis manos, me pregunto por qué hace tanto frío, por qué tiemblo, por qué no vienes; ¿por qué te amo si no estás? Te extraño y el frío no cesa en mi alma mientras todo llueve.

LA HERIDA

A mí también
se me caen las lágrimas.
También siento las heridas
como se deben sentir las cosas
que duelen,
y por eso lloro.

Lloro porque me duele la herida.
Lloro porque eres mi herida.
Porque te desangras en mí
y porque eres también quien
puede curarme, y no lo haces.

CAUSAS PERDIDAS

Te pensé.
Y no con dolor
porque en el fondo sé
que aunque las flores crezcan en mi jardín,
tú, amor, ya no vendrás.

Te pensé
como se piensan ciertas causas
que ya están medio perdidas.

TRAS EL ÚLTIMO BESO

Es cierto que hay tantas cosas
por las que sentirme bien,
por las que sonreír y nunca llorar,
pero confieso que aquí dentro,
en mi corazón,
todavía gobierna ese frío escabroso
que dejaste
tras el último beso
de tu partida.

MI DECISIÓN FUE AMAR

Mi decisión fue amar,
no importa si me desgarré el alma,
o si estropeé alguna ley fantástica.
Amé con fuego, con sangre.
Amé arruinándome, desmoronándome.
Amé a voluntad
y sin razones para contener la catástrofe.
Fue mi decisión no soñar,
fue mi decisión soportar el exilio.
Amé porque esa era mi única verdad.

Amé porque ese amor
nació de mí, de mi ser,
de mis temores, de mis afrentas,
de mi obstinación, de mis voces,
algo mío —mío—.
Lo único que nadie,
por más que se marchara,
me podría arrebatar.

Amé porque ese amor,
más que de nadie, fue mi resolución,
mi herencia, algo de mi propiedad,
mi declaración de que
aún débil, soy fuerte.
Siempre —siempre—,
mi decisión fue amar.

DECIR «TE QUIERO»

A mi hermana Laura

Simplemente
no puedo dejar de pensar
que hoy sería perfecto si estuvieras.
Si tan solo entraras por esa puerta
sonriendo como antes,
como queriendo decir «te quiero»,
y entonces no me lo dirías,
pero igual ya lo sabría.
Y yo te sonriera de vuelta
como queriendo decir
«también te quiero»
y no te lo dijera,
pero igual
ya lo sabrías.

TE AMO, Y NO ES METÁFORA

Nada importa si no estás.
No exagero en lo que digo, ni miento.
Porque el saber que no estás
hace que las estrellas
no me concedan más deseos
y sienta un fuego incendiándome por dentro.

Siempre te he soñado,
incluso, a veces, siento que eres mi único sueño.
Eres el viento que me pasa entre las piernas.
Viento que me besa y me acaricia con un
cuchillo las palabras.
Viento que viene del Sur
y se va como tú, con tu nombre.

Tu nombre lo recuerdo
como una caricia masoquista,
como una puñalada de sal en la herida abierta.
Y lo repito una, dos, tres veces.
Y me duele, pero no reparo el daño,
no lo hago, no me detengo.

Aunque tu amor me duele hasta el cansancio,
necesito nombrarte, pensarte,
sentirte latiendo fuerte en mi pecho.
No lo sabes, no lo escuchas,
porque me duele el tiempo

y no estás para saberlo.

Te amo,
 y no es metáfora.

Reinventaría el mismísimo amor por ti,
reinventaría el mundo, los sueños, los besos
y al tiempo que me castiga.

Un amor como el mío
no se deshace, ni se oculta;
no hay manera de hacerlo invisible
porque cuando te amo
el amor no es ninguna metáfora.

III

"Sé que todas las mujeres aguardan.
Aguardan la vida futura,
todas esas imágenes forjadas en la soledad".

Elena Poniatowska

SOY MUJER

Porque una mujer
también merece libertad
y no solo del cuerpo,
sino del alma.

Soy mujer
y merezco el cielo
que quiera escoger.

Y si de ése me cae fuego,
entonces arderé,
pero libre al final.

LAS CONSECUENCIAS

Qué bonito sería que alguien,
por un instante,
aunque sea por uno breve,
me pensara con valentía,
como diciéndose a sí mismo:
"Joder, asumiría las consecuencias
de lo que fuera por esa mujer".

CUANDO UNA MUJER DECIDE

Cuando una mujer
ha decidido alejarse
definitivamente,
no te lo hace saber con escándalos,
ni palabras, ni lágrimas,
simplemente se va.

Sin más nada, cuando ya se ha ido
es que el hombre sabe
que la ha perdido.

AQUELLA MUJER

Aquella mujer que lloró
con el alma rota,
supo de un modo destructor
que para levantarse
hay que caer rompiéndose
hasta los huesos
y que para vivir
hay que recomponerse,
una y otra vez.

Sí,
así
debe
sobrevivir
una
mujer.

NO ES SECRETO

No debería ser secreto
que cuando una mujer
decide que su dolor será su fortaleza,
se eleva tan alto
que quienes la hicieron sufrir
se harán tan minúsculos,
que ni ella misma podrá verlos
para señalarlos con su mano.

SER FUERTE

Ser fuerte no significa
que no duela la soledad;
ser fuerte es saber
que se consumirán hasta los huesos
y aun así
te levantarás con la frente en alto
y una promesa de sobrevivencia
entre labios.

Y es que
ni aunque se me rompa la vida,
dejaré de insistir en ser feliz.

QUERER ESTAR

En serio que una mujer
no debería tener que
darle razones a ningún hombre
para que este se quede con ella.
Un hombre que quiera estar,
lo estará a pesar de lo que suceda,
sin argumentos
y, sobre todo,
porque la ama
y al final es eso
lo que debe importarle.

CENIZAS EN EL AIRE

Necesito a alguien
que no tema quemarse a mi lado.
Que no le tema al fuego,
que se deje prender la vida
con todo el ardor,
la pasión,
el ímpetu que representa estar
bajo las llamas
y que luego no quiera salir
huyendo de ellas.

Alguien que se quede
aun cuando
seamos solo
cenizas en el aire.

SACUDIR EL CORAZÓN

Debemos arriesgarnos un poco más
y sacudir el polvo de nuestro corazón
para poder revisar qué es lo
que en verdad hay en él:
si es amor,
o si es sólo una añoranza
de lo que ya no fue.

RECOMPONERTE

Y sí, es verdad.
A veces nos quedamos despedazados,
sintiendo que la vida se derrumba
 y nos arrastra,
pero hay algo que no te enseñan en las escuelas
y debes aprenderlo precisamente así:
rompiéndote una y otra vez.

Y es que aunque te duela y no lo entiendas,
en el camino en busca de la felicidad,
debes recomponerte las veces que sea necesario
para que al final todo tenga el sentido
que antes no le encontraste.

IV

"Soy un trozo de humo solidificado.
Soy un residuo que alguien olvidó en el
olimpo".

Alejandra Pizarnik

GRIETAS

Debemos aceptar que todos,
en algún momento,
somos como pequeñas grietas
en la vida de alguien más.

Todos somos grietas
que dejan huellas imborrables.

LLUVIA QUE NO CAE

Cada noche soy un tipo de mujer diferente
porque cada vez me siento diferente.
Hoy por ejemplo me siento
como una lluvia que no cae,
como ese evento del tiempo que no sucede.
Hoy soy como ese pronóstico del clima
que dan en la radio por las mañanas
y que al final del día confirmamos que fue
desacertado.

GRITO EN EL VACÍO

Grito y nadie me oye.
Corro y a nadie alcanzo.
Muero y no hay llanto.
Me desahogo desconsolada
al ser la única voz en el desierto.

Sé que soy un ser invisible, inexistente.
El mundo gira tan rápido
que se me desfigura la realidad,
y nadie consigue escucharme.

DESPUÉS DEL DOLOR

Me pregunto qué viene
después del dolor.

Tal vez un lugar donde
arden fuegos eternos sobre campos
vestidos de abandono.

No sé si haya algo más que fuego
después del dolor.

MIS SOLEDADES

Es improbable encontrar una mirada
que me salve de mí
y de mis propias soledades.

No hay nada que pueda hacer,
nada que me haga escapar de este lugar
desértico y olvidado.

Soy como el tallo de una rosa muerta.
Soy esa parte que ya nadie ve:
un pequeño punto ignorado
y abandonado en el jardín.

SOLEDAD VOLUNTARIA

Cuando una persona
llega a un estado de soledad voluntaria,
no necesariamente se ha rendido al amor,
simplemente ha descubierto una manera
menos dolorosa de vivir.

PERSONA ENTERA

Que "todos estamos rotos pero enteros" —como dijo Benedetti—, lo dudo.
Algunos quedamos completamente despedazados porque no sabemos luchar sin dar el cuerpo y el alma en cada batalla. Y después de haberlo dado todo —sin que quepa duda de que darlo todo es arrancarse la cabeza, las piernas, las manos y sobre todo el corazón—, uno jamás vuelve a ser una persona entera.
De los daños uno nunca se repara.

SILENCIO

Lo que sucede,
es que a veces el silencio
no es opcional.
Es necesario.

VALOR PARA DEJAR ATRÁS

En algún lugar,
en el centro de mis palpitaciones,
más allá de mi impaciencia
y de mi quebranto,
debe esconderse el valor para dejar atrás
lo que alguna vez amé y no fue mío.

CADA NOCHE

Cada noche espero,
no a una persona,
sino a un suceso,
a un sobresalto en el tiempo,
a algo que me haga sentir
que la bruma del desasosiego cesará.

PEQUEÑA MUERTE

Mírame,
mírame que ni el universo es tan infinito
como el dolor que se encierra
en mis ojos.

Soy un desierto
que se seca,
que se erosiona
sin ti.
Soy esa parte del mundo
desconocida
y deshabitada
donde solo quedan
ecos de dolores
y arrepentimientos.

Es tan fría esta pequeña muerte,
tan negra,
tan vacía,
que nacen flores negras
bajos mis pies
y más allá del amor
ya no habrá nada que hacer
con mi alma.

NOTA DE LA AUTORA

En Te amo, y no es metáfora, quise por medio de un despliegue de palabras frescas y poéticas, plasmar no solo mis sentimientos o emociones, sino que llevar al lector a reconocer en las letras de estos poemas mi vida misma. Más allá de hablar del amor y del desamor, también tematizo sobre la libertad de la mujer actual, la soledad, el abandono y el cansancio del ser mismo. Considero que todo sentimiento humano debe manifestarse de una forma clara, y que la versificación debe estar amparada en el uso de las metáforas legibles con el propósito de que cada poema permita la identificación de las vivencias y experiencias amorosas de cada lector.

Te amo, y no es metáfora, no es un poemario cualquiera, es un grito en el vacío, un tropiezo con la vida, un salto hacia la libertad.

SOBRE LA AUTORA

Soy Jarhat Pacheco, sí, sin seudónimo, y tengo 25 años. Nací en la calurosa Aguachica, ciudad de Colombia. Desde niña cultivé el gusto por la Literatura, pero en especial, por la Poesía. A la edad de 15 años escribí mi primer poema y fue publicado por el periódico escolar. Ese acontecimiento fue tan significativo en mi vida, que desde entonces, quise ser escritora. Actualmente tengo dos libros escritos: una novela juvenil sin publicar, y el poemario que acaban de leer.

Un día de julio del 2014, empujada por alguna extraña fuerza, abrí una página de seguidores en Facebook llamada "¿Y si el camino es volar?, para publicar de forma anónima mis escritos, hasta que me dije que debía dar la cara, y entonces cambié el nombre de la página, por el mío. Si bien mi carrera como escritora novel ha sido completamente por medio de redes sociales, he tenido excelente acogida en ellas. Para mi sorpresa, la difusión ha sido masiva, cosa que siempre agradezco. Diversas páginas y cuentas personales comparten diariamente mis poemas, o mis frases, contagiando cada día a más y más personas con mis letras.

Made in the USA
San Bernardino, CA
22 May 2018